« La richesse consiste bien plus dans l'usage que dans la possession. »

Aristote

Merci à Dominique Rateau, qui a su si bien « me » lire,
et à Patrick « Tic-Tic » Ben Soussan pour ce beau moment
partagé à Toulouse lors des journées Spirale.

Pour Olivier de Rivaz.

Il est possible de retrouver et d'imprimer les éléments de cette histoire sur notre site www.editionsmilan.com.
Faites une recherche au titre et cliquez sur la fiche « petitspapiers »... À vous de jouer !

Édouard Manceau

Merci,
le vent !

MILAN
jeunesse

Tiens, un petit morceau de papier…

Oh, maintenant il y en a deux…

Puis trois !

En voilà encore d'autres…
D'où viennent-ils ? À qui sont-ils ?

– Ils sont à moi ! dit la poule.
Je les ai trouvés la première !

– Ah non, ils sont à moi ! répond le poisson.
C'est moi qui ai découpé
ces petits morceaux de papier
que la poule a trouvés.

– Certainement pas ! Ils sont à moi !
gazouille l'oiseau.
C'est moi qui ai fabriqué ce papier
dans lequel le poisson a découpé
les petits morceaux que la poule a trouvés.

– Mais non, pas du tout ! Ils sont à moi !
susurre l'escargot.
C'est moi qui ai coupé le bois
pour que l'oiseau fabrique le papier
dans lequel le poisson a découpé
les petits morceaux que la poule a trouvés !

– Quoi quoi quoi ? Ils sont à moi !
coasse la grenouille.
C'est moi qui ai déniché l'arbre
qui a servi à faire le bois
que l'escargot a coupé
pour que l'oiseau fabrique le papier
dans lequel le poisson a découpé
les petits morceaux que la poule a trouvés !

– Silence… ils sont à moi, murmure le vent.
Personne ne me voit, mais…
c'est moi qui ai soufflé de toutes mes forces
pour faire tomber l'arbre
que la grenouille a déniché
et qui a servi à faire le bois
que l'escargot a coupé
pour que l'oiseau fabrique le papier
dans lequel le poisson a découpé
les petits morceaux que la poule a trouvés !

Et je souffle, je souffle, je souffle
sur les petits morceaux de papier
pour les faire voler.
D'un dernier souffle, je vais les déposer
à vos pieds…

Je vous les donne ! Prenez-les.
Et faites-en ce que vous voulez…